Karoline Ahlemann

# Wie gut ist das deutsche Fernsehen?

## Kriterien und Kritiken zur Beurteilung der Programmqualität

GRIN Verlag

**Bibliografische Information der Deutschen Nationalbibliothek:**

Die Deutsche Bibliothek verzeichnet diese Publikation in der Deutschen National-
bibliografie; detaillierte bibliografische Daten sind im Internet über http://dnb.d-
nb.de/ abrufbar.

**Impressum:**

Copyright © 2009 GRIN Verlag GmbH
Druck und Bindung: Books on Demand GmbH, Norderstedt Germany
ISBN: 978-3-640-45000-8

**Dieses Buch bei GRIN:**

http://www.grin.com/de/e-book/133648/wie-gut-ist-das-deutsche-fernsehen

**GRIN - Your knowledge has value**

Der GRIN Verlag publiziert seit 1998 wissenschaftliche Arbeiten von Studenten, Hochschullehrern und anderen Akademikern als eBook und gedrucktes Buch. Die Verlagswebsite www.grin.com ist die ideale Plattform zur Veröffentlichung von Hausarbeiten, Abschlussarbeiten, wissenschaftlichen Aufsätzen, Dissertationen und Fachbüchern.

**Besuchen Sie uns im Internet:**

http://www.grin.com/

http://www.facebook.com/grincom

http://www.twitter.com/grin_com

# TU Braunschweig

Institut für Sozialwissenschaften

# &

# HBK Braunschweig

Institut für Medienforschung

## „Wie gut ist das deutsche Fernsehen? Kriterien und Kritiken zur Beurteilung der Programmqualität"

Seminar: Fernsehen – Formatanalysen und Formatentwicklung

Wintersemester 2008/09

Karoline Ahlemann

Medienwissenschaft/Anglistik

3. Semester

# Inhaltsverzeichnis

# 1. Qualität – viel diskutiert aber undefiniert

Oft ist es nur ein kurzer Aufschrei – Wenn es in den Medien um die Qualität des deutschen Fernsehprogramms geht, äußert fast jeder Kritik, kann Beispiele benennen oder Verbesserungsvorschläge machen. Doch was ist Qualitätsfernsehen? Welche Bewertungskriterien gibt es und wer kann beurteilen, was gut oder schlecht ist?

Gegenstand dieser Referatsverschriftlichung soll es sein, den Qualitätsbegriff auf seine theoretische Bedeutung und seine Auslegungen in der Praxis hin zu untersuchen. Dafür ist es nötig, sich dem Thema als erstes aus wissenschaftlicher Sicht zu nähern. Die Professoren Heribert Schatz und Winfried Schulz entwickelten dazu Kriterien und Methoden zur Qualitätsforschung, die jedoch noch keine Auskunft über Leistungsunterschiede zwischen den verschiedenen Rundfunkveranstaltern geben. Sie sind lediglich als Vorstufe zu einer empirischen Untersuchung konzipiert worden (vgl. 1992, 690). Auch im Rundfunkstaatsvertrag sind Gebote für die Funktionen des Fernsehprogramms festgelegt.

Trotz der vorhandenen Maßstäbe bricht die Debatte über die Qualität des Fernsehens nicht ab. Einen erneuten Höhepunkt hatte sie im Oktober 2008 als Marcel Reich-Ranicki während der Verleihung des Deutschen Fernsehpreises seinen Unmut gegenüber dem laufenden Programm kundtat. Der Abschnitt 2.3 soll klären, inwiefern Fernsehkritiker bzw. Kritik am Fernsehprogramm eine Auskunft über das Qualitätsniveau geben kann.

Kritik auf einer anderen Ebene – also in Form von Auszeichnungen – findet bei der Verleihung von Fernsehpreisen statt. Auch hier ist es fraglich, ob die von der Jury getroffenen Entscheidungen nach objektiven Qualitätskriterien getroffen werden. Der Eigenwerbungs-Effekt für verschiedene Rundfunkveranstalter darf dabei nicht außer Acht gelassen werden. Aber auch die Auszeichnungen einer im Allgemeinen unabhängigen Fernsehpreis-Jury wie der des Adolf-Grimme-Instituts dürfen nicht ohne Hinterfragen als Gütesiegel für Qualität hingenommen werden.

Der Deutsche Fernsehpreis, der durch den von Marcel-Reich-Ranicki ausgelösten Eklat, Ende 2008 zur Zielscheibe vieler Kritiker wurde, musste schon immer um Akzeptanz und Anerkennung kämpfen, da auch Populäres ausgezeichnet wird. Die Juroren wollen damit zeigen, dass auch Quotenfernsehen qualitativ hochwertig sein kann. Doch wo liegen die Merkmale und Schwerpunkte einer anspruchsvollen Programmgestaltung?

In den folgenden Kapitel kann zwar keine konkrete Antwort auf die Frage „Was ist Qualität im Fernsehen?" gegeben werden, es sollen jedoch verschiedenen Wertungsrichtungen und -methoden benannt und erläutert sowie auf ihre Objektivität hin untersucht werden.

## 2. Gutes Fernsehen, schlechtes Fernsehen

### 2.1. Die Suche nach dem Qualitätsbegriff

Der Begriff Qualität ist vom lateinischen „qualis" (wie beschaffen) abgeleitet. Er wird allgemein als Eigenschaft, Güte oder Wert übersetzt. Psychologen verstehen darunter das nicht messbare „Wie und „Was" (im Gegensatz zur Quantität), während Medienwissenschaftler von einer Eigenschaft sprechen, „[...] die bestimmten, aus Werten abgeleiteten Normen entspricht" (Breunig 1999, 94).

Wie sowohl die psychologische als auch die medienwissenschaftliche Definition erahnen lassen, handelt es sich bei Qualität um einen dehnbaren und je nach sozialem Hintergrund subjektiv behafteten Begriff. Pauschal gesagt, gibt es keinen historischen, kulturellen Bestand an Kriterien, keinen festen Code, der aussagt, was Qualitätsmerkmale sind (vgl. Göschel 1999, 35f). Je nach Perspektive existiert eine große Anzahl von Qualitäten. Die Entwicklung des Qualitätsbegriffes ist dynamisch. Im Hinblick auf die Bewertung des Fernsehprogramms gilt es also, die Qualitätskriterien von Zeit zu Zeit neu zu überdenken (vgl. Breunig 1999, 94).

Die Frage ist also, wie sich die Qualität eines so heterogenen Produktes wie Fernsehen trotz unterschiedlicher Wertesysteme objektiv und zuverlässig erfassen lässt. Eine Differenzierung zwischen rechtlichen, normativen und politischen Rahmenbedingungen sowie professionellen Standards und den Urteilen der Rezipienten scheint dabei unumgänglich. Auch zwischen Gesamtangebot (Programmqualität) und Einzelsendungen (Sendungsqualität) muss unterschieden werden (vgl. ebd.)

Ein einfacher aber einseitiger Zugang ist die Befragung von Zuschauern. „Einer aktuellen Umfrage zufolge hält knapp die Hälfte der Bundesbürger (48 Prozent) das Niveau der deutschen Fernsehprogramme unterm Strich für mittelmäßig. 37 Prozent gaben in der Befragung des Meinungsinstituts *Forsa* an, es sei niedrig oder sehr niedrig. Nur elf Prozent sprachen von einem hohen oder sehr hohen Niveau" (Haas 2008). Die Quoten- bzw. Akzeptanzmessung allein reicht jedoch nicht aus. Beurteilungswerte von Sendungen, Imagewerte von Programmen, Gattungspräferenzen und Interessenlagen diverser Publika – all diese Faktoren sind

4

Bestandteil der modernen Fernsehforschung (vgl. Oehmichen 1993, 16). Die Programmmacher selbst sehen Qualität als „[...] Idealbild eines handwerklich perfekten, engagierten und gesellschaftlich relevanten Fernsehprogramms [...], dass den normativen und rechtlichen Rahmenbedingungen (Programmauftrag) gerecht wird" (Gleich/Groebel 1994, 253).

Eine inhaltsanalytische Datenquelle, aus der kontinuierlich Erkenntnisse zur Programmqualität gezogen werden können, sind die Analysen des Instituts für empirische Medienforschung (IFEM). Die Studien leisten vor allem durch den stetigen Vergleich zwischen öffentlich-rechtlichen und privaten Programmen einen Beitrag zur Qualitätsdebatte (vgl. Breunig 1999, 97).

Das stärkste Argument für die Einführung des dualen Rundfunksystems, war damals, [...] dass ein schärferer Wettbewerb unter den Sendern vor allem die Informationsqualität ihrer Programme fördert." Das Ziel der Erweiterung war mehr Vielfalt (vgl. Schulz 2001, 213). Analysen ergaben, dass dieses Ziel auch erreicht wurde. Die privaten Fernsehsender haben auf spezifische Weise zur Vielfalt der Inforationsgebote beigetragen. Sie haben die Inhalts-Palette um Alltags- und Boulevardthemen, um Sensation und Human Touch, um das Private und Intime erweitert. Zugleich ist eine Entpolitisierung eingetreten, was natürlich Zweifel daran aufkommen lässt, dass verschärfter Wettbewerb die Programmqualität fördern kann. Allerdings darf die vom Bundesgerichtshof in mehreren Grundsätzen betonte komplementäre Beziehung zwischen öffentlich-rechtlichem und privatem Rundfunk nicht vergessen werden: Defizite der privaten Programmgestaltung sollen durch die Programme der Öffentlich-rechtlichen kompensiert werden (vgl. ebd., 230f).

## 2.2. Maßstäbe und Wertungen

Als Qualitätsmaßstab für die Programmaufsicht lassen sich aus dem Rundfunkstaatsvertrag drei Gebote ableiten: das Gebot der Vielfalt (§ 20, Abs. 1 und 4 sowie § 23, Abs. 2), das Gebot der journalistischen Professionalität (§ 23, Abs. 3) und das Gebot der Rechtmäßigkeit (§ 23, Abs. 1) (vgl. Schatz/Schulz 1992, 692). Vielfalt wird auch in zahlreichen Studien als Schlüsselkriterium für Programmqualität definiert. Es fehlt jedoch an verbindlichen Strategien zur empirischen Erhebung von Vielfalt, die auf eine Aufwertung des Fernsehprogramms schließen lässt (vgl. ebd., 254). Man muss sich Fragen, ob es den Zuschauerbedürfnissen entspricht beispielsweise im Abendprogramm sämtliche Genres im gleichen Umfang bereitzuhalten. Für eine derartige Vielfalt lassen sich mit wachsendem Programmangebot nur schwer Indices festlegen. Auch die Art von Vielfalt, die im Rundfunkstaatsvertrag für Vollprogramme festgelegt wurde, kann unterschiedlich ausgelegt werden. Das geforderte Angebot von Information, Bildung, Beratung und Unterhaltung lässt besonders im Bereich der Fernsehpublizistik einen großen Spielraum zu (vgl. Weiß 2007, 52). Bei dieser setzen besonders die kommerziellen Sender immer mehr auf Infotainment und Hybridformate – also die Verschmelzung von Informations- und Unterhaltungstraditionen.

Auch die Relevanz des Inhalts von Fernsehprogrammen ist sowohl für die Zuschauer als auch für Experten ein bedeutsamer Qualitätsindikator. Die Professoren Heribert Schatz und Winfried Schulz unterscheiden dabei verschiedene Ebenen vom Individuum (Mikroebene) bis hin zur Gesellschaft (Makroebene). Die Relevanz auf der Mikroebene (Zuschauer und Programmacher) lässt sich mit Hilfe der Gratifikations- und Nachrichtenwertforschung ermitteln. Auf institutioneller und gesellschaftlicher Ebene ist dies aufgrund der Vielfältigkeit vorhandener Normen und Interessen nur schwer möglich. In Anlehnung an die Nachrichtenwerttheorie differenzieren die beiden Professoren zwischen quantitativen Faktoren, wie die Zahl der Betroffenen und qualitativen Faktoren, wie Wirkungsintensität, soziale Position und Prominenz der Akteure, räumliche und emotionale Nähe oder Irreversibilität bzw. Nachhaltigkeit des Ereignisses. Es lässt sich daraus aber nicht ohne weiteres ableiten, welche Relevanz ein Ereignis für den gesamtgesellschaftlichen Kontext besitzt (vgl. Schatz/Schulz 1992, 696ff).

Programmqualität wird in Studien auch oft anhand der Professionalität gemessen. Dabei unterscheiden Schatz und Schulz zwischen gestalterischer und inhaltlicher Professionalität. Ersteres bezieht sich im Allgemeinen auf das Handwerk, wobei im Fiction-Bereich ästhetisch-künstlerische Faktoren wie zum Beispiel Ton, Kamera und Regie im Vordergrund stehen. Im Non-fiction-Bereich ist es das Gebot der Verständlichkeit, nach dem die Zuschauer ein Recht auf gut aufbereitete und präsentierte Information haben. Bei der inhaltlichen Professionalität liegt das Hauptaugenmerk auf der journalistischen Professionalität, die die deskriptiven Qualitätskriterien Sachgerechtigkeit und Unparteilichkeit sowie ein gewisses Maß an analytischer Qualität voraussetzt (vgl. ebd., 701ff).

Die Publikumsakzeptanz, die nicht ohne weiteres mit der Sehbeteiligung gleichgesetzt werden darf, ist laut den beiden Autoren ein weiteres Kriterium für Programmqualität. Sie gehen davon aus, dass man den Grad der Akzeptanz daran erkennt, aus welcher Interessens- (z.B. Inhalte, Formate, Ästhetik) oder Bedürfnislage (z.B. Wirklichkeitsflucht, Information, Unterhaltung) heraus eine bestimmte Programm-eigenschaft bevorzugt wird. Als methodisches Modell dient die Nachrichtenforschung. Nach Ansicht von Schatz und Schulz stimmen Nachrichtenfaktoren, wie zum Beispiel

Negativismus und Personalisierung, mit den Akzeptanzfaktoren der Zuschauer weitgehend überein. Für Fiction-Sendungen müssten allerdings spezifische Faktoren entwickelt werden. Auch die Aspekte der formalen Gestaltung sind aus Publikumssicht zu beachten. Dazu zählt beispielsweise die bereits genannte gestalterische Professionalität (vgl. ebd., 706f).

Das Kriterium der Rechtmäßigkeit, das sich im Bereich der Medienethik bewegt, ordnet Verstöße gegen Rechtsvorschriften als Mangel an Qualität ein. Ein Vergleich der betroffenen Fernsehsendungen ist jedoch schwer, da das Missachten von Verfassungsbestimmungen, Gesetzen, Persönlichkeitsrechten oder Werberichtlinien mittels Inhaltsanalyse festgestellt aber kaum gewichtet werden kann (vgl. ebd., 710).

Bei der Bewertung des Informationsangebotes, zu dem beispielsweise die Nachrichten oder politische Sendungen zählen, stehen neben den genannten Kriterien auch die Menge der Informationen, Richtigkeit und Transparenz sowie Ausgewogenheit und Aktualität im Vordergrund. Beim Unterhaltungsangebot im Bereich der Non-fiction-Formate (z.B. Talkshows) wird das Hauptaugenmerk außerdem auf ethische Aspekte gelegt. Fiction-Formate müssen, um den Qualitätskriterien zu entsprechen, zudem gute schauspielerische Leistungen, einen ansprechenden Handlungsverlauf und inhaltlichen Anspruch bieten (vgl. Breunig 1999, 95).

## 2.3. Forderungen nach mehr Anspruch

"Aber nicht diesen Blödsinn, den wir hier zu sehen bekommen haben." – So kommentierte Marcel Reich-Ranicki die Verleihung des Deutschen Fernsehpreises im Oktober 2008. Er habe viele schöne Fernsehabende, zum Beispiel bei Arte, verbracht, aber die bei der Verleihung preisgekrönten Schauspieler, Filme und Sendungen entsprechen offensichtlich nicht dem, was der Literaturkritiker unter Qualitätsfernsehen versteht. Die Konsequenz, die er daraus zog: Er lehnte den „Ehrenpreis der Stifter", den „Ehrenpreis für sein Lebenswerk" ab. Der Eklat war perfekt. Auch als bei Sat.1 im Sommer 2007 zwei Magazine und eine Nachrichtensendung wegfielen, entfachte dies eine Qualitätsdebatte. Doch diese Forderung nach mehr Anspruch ist kein neues Phänomen. Schon 1957 wurde in *Die Zeit* festgestellt, dass die Programmgestalter die Masse mit Trivialitäten befriedigen. Der Autor prophezeit eine „Narrenfreiheit des Bilderrummels".

Fernsehkritiken sind wichtige Indikatoren für Programmqualität – auch die schlechtesten von ihnen haben zumindest Indiziencharakter, denn die Kritiker – zumindest die, die um ihre Unabhängigkeit bemüht sind und sich eine Legitimation für ihre Funktion verschaffen wollen – entnehmen ihre Kriterien für Programmqualität dem

Fundus, den 150 Jahre Geistes- und Geschichtswissenschaften und fast 60 Jahre Medienforschung hinterlassen haben. Fernsehkritik sollte als Resonanzboden für Zuschauer und Macher dienen, an dem diese ihre eigenen Intentionen, Überzeugungen und Eindrücke überprüfen können. Zwar gibt es Bewertungsunterschiede, aber es existiert ebenfalls ein Anpassungsdruck, der es schwer macht gegen einen bestimmten Trend in der Meinungsbildung anzuschreiben (vgl. Knott-Wolf 1999, 89f/97). So tendieren viele Fernsehkritiker dazu Qualität und Anspruch mit Kultur gleichzusetzen. Kulturfernsehen wird wiederum oftmals mit der „[…] elektronische[n] Verbreitung von Ereignissen und Werken der Kultur, die außerhalb des Fernsehens stattfinden […]" auf eine Stufe gesetzt. Diese Überzeugung impliziert, dass Fernsehen selbst nicht Teil des kulturellen Lebens sein kann (Schreitmüller 1999, 56). Fernsehmoderator, Entertainer und Schauspieler Thomas Gottschalk bezeichnete diese Überzeugung beim Treffen mit Marcel-Reich-Ranicki nach der Übertragung des Deutschen Fernsehpreises als die „Arroganz der Eliten", deren Geschmack am Mehrheitswunsch vorbeiginge.

Eine gegensätzliche Anschauung gesteht dem Medium Fernsehen ein Potential eigener kultureller Leistungen zu. Deren „[…] Vertreter zeigen keine Berührungsängste vor genuinen Fernsehgenres wie Serie, Talkshow und Sportübertragung[…]" (ebd.). Zu diesen Vertretern zählt der stellvertretende ZDF-Programmdirektor und Beiratsvorsitzende des Deutschen Fernsehpreises Hans Janke. Er ist der Meinung, dass die Qualität im Fernsehen nicht der Akademiebeschwörung überlassen bleiben darf, „[…] sondern eine alltägliche, souverän durchgehaltene Leitvorstellung sein muss für eine Programmpraxis, die dem Publikum etwas zu bieten hat und den Machern entspricht […]" (1995, 71).


## 3. Quoten und Querelen – Wo bleibt die Qualität?

### 3.1. Gütesiegel Fernsehpreis:
### Ausgezeichnetes nicht immer ausgezeichnet

Kann ein Fernsehpreis ein Instrument zur Bewertung von Qualität sein? In Deutschland werden mehr als 100 Fernsehpreise vergeben. „Da kommen Zweifel auf, ob Medienpreise, insbesondere Fernsehpreise, dazu taugen, Qualität auszuzeichnen" (Paukens 1999, 77). Der Erfolg von Fernsehbeiträgen ist nach Meinung einiger Autoren ein tolerierbar objektives Kriterium für Qualität. Jedoch muss man sich immer wieder die Frage stellen, ob es um journalistischen Anspruch oder PR und Marketing geht. Offiziell wollen die Stifter Qualität im Journalismus fördern, was durchaus im Interesse der Allgemeinheit liegt. Auf den zweiten Blick sind die Preise aber auch für die Gönner von Vorteil. So sind Medienunternehmen nicht nur Spender, sondern auch Nutznießer, wenn sie mit internen Medienpreisen die Mitarbeiter motivieren und gleichzeitig für Publicity sorgen (vgl. Andermatt 2005). Aufmerksamkeit ist eine wichtige Ressource innerhalb der kaum zu überblickenden Programmflut - Stars und Sternchen sowie eine glamouröse Show, bei der die eigenen Produkte ausgezeichnet werden, sind im Kampf um diese Ressource durchaus effektiv (vgl. Paukens 1999, 77). Da sorgt selbst ein Auftritt, wie der Reich-Ranickis, für willkommene Beachtung. Der stellvertretende ZDF-Programmdirektor Hans Janke selbst sagte gegenüber der Süddeutschen Zeitung dazu: „Der Fernsehpreis hat [...] eine Riesenaufmerksamkeit bekommen, wie sie ein Eklat immer mit sich bringt. Das kann man sich gefallen lassen" (Busse/Hoff 2008).

Als renommiertester und unternehmensunabhängiger Fernsehpreis wird im Allgemeinen der Adolf-Grimme-Preis angesehen. Mit ihm werden alle Sendungen aus allen Programmsparten ausgezeichnet, die die spezifischen Möglichkeiten des Mediums Fernsehen auf hervorragende Weise nutzen und nach Form und Inhalt Vorbild für die Fernsehpraxis sein können. Dabei sollen nicht nur die Aspekte der künstlerisch-ästhetischen und journalistischen Qualität des Werkes beachtet werden, sondern vielmehr die Tatsache, ob es sich um ein gesellschaftlich bedeutsames Thema handelt (vgl. Paukens 1999, 80ff). Trotz des guten Rufs kamen in der Vergangenheit auch bei der Verleihung des Grimme-Preises Zweifel an der Unabhängigkeit der Jury auf. 1997 nahm Zeit-Redakteur Peter Paul Kubitz die Ehrung des VIVA-Gründers Dieter Gorny unter die Lupe. Er sprach dem ehemaligen Wuppertaler Musiklehrer die bemerkenswerte Leistung nicht ab, deutete aber an, dass das medienpolitische Engagement von der Jury nicht den Kriterien entsprechend eingeschätzt wurde; zumal Heinz Theodor Jüchter, zu der Zeit Kulturdezernent der Stadt Wuppertal und Sprecher des Deutschen Volkshochschulverbandes, die Wettbewerbsleitung hatte.

Beim Internationalen Filmfestival Mannheim-Heidelberg wurde 2007 erstmals der undotierte Deutsche Filmkunstpreis für Fernsehen vergeben. Festivalsprecherin Marija Capek schätze die Bewertung gegenüber Spiegel Online so ein: „Der Dialog, der Stil der Bilder, das Thema, die schauspielerische Leistung, das sind Qualitätskriterien für einen guten Film. Kommerzieller Erfolg sagt noch nichts über die Qualität aus."

Fernsehpreise dienen also durchaus als Orientierung für Produzenten und Rezipienten, richten sich jedoch nach unterschiedlichen Qualitätskriterien mit unterschiedlicher Gewichtung. Gemeinsamkeiten findet man bei der Beurteilung von „Inhalt (z.B. Authentizität, Relevanz des Themas), Form (z.B. Kamera, Licht, Ton, Regie) und  Interaktion von Form und Inhalt (z.B. Kreativität, künstlerischer Ausdruck, visuelle und verbale Umsetzung des Themas)" (Gleich/Groebel 1994, 254).

## 3.2. „Beschwerden unvermeidlich":
## Zur Akzeptanz des Deutschen Fernsehpreises

„Der Deutsche Fernsehpreis wird von ARD, RTL, Sat.1 und ZDF in der gemeinsamen Verpflichtung zur Förderung der Qualität der Fernsehprogramme gestiftet", so der erste Satz des Status. Ziel soll es sein hervorragende Leistungen für das Fernsehen auszuzeichnen. Dazu zählten nach Ansicht der Jury in den vergangenen Jahren beispielsweise Fernsehfilme wie Der Tunnel (Sat. 1/2001), Stauffenberg (ARD/2004) und Dresden (ZDF/2006), Sitcoms wie Ritas Welt (RTL/2000) und Alles Atze (RTL/2003) aber auch Das perfekte Dinner als Beste Kochsendung (VOX/2007) und Katharina Saalfrank (Die Super Nanny) als Bester TV-Coach (RTL/2007). Wie kommt die Jury zu diesen Qualitätsurteilen?

Die Jury-Vorsitzende von 2007, Klaudia Wick, erläuterte die Ergebnisse in einem Interview mit der Fachzeitschrift Werben & Verkaufen mit der Begründung, dass man aktuelle Trends abbilden und der überwiegenden Nominierung der Öffentlich-Rechtlichen entgegenwirken will (vgl. Eck 2007/36, 50). Dieses Entgegenwirken wurde 2008 auch prompt sichtbar. Mit neun Auszeichnungen war RTL der Spitzenreiter vor ARD mit sechs und ZDF mit fünf Preisträgern. Mit Beschreibungen wie „Selten hat Fernsehen solche Wirkung gezeigt",  „[...] guckt man gerne zu und freut sich", "[...] fand so großen Wiederhall [...]", "einfach genial", "Unterhaltung in Perfektion" und "meisterhaft" werden die Ausgezeichneten auf der Homepage des Deutschen Fernsehpreises präsentiert.

Restlose Plausibilität bei Beteiligten und Betroffenen sei kaum zu erreichen und Beschwerden seien absolut unvermeidlich, meint Hans Janke, Beiratsvorsitzender des Deutschen Fernsehpreises (vgl. 2004, 87). Darüber hinaus – so heißt es in einer Pressemitteilung – „gehört es zu den ungeschriebenen Regeln des Deutschen Fernsehpreises, dass die Jury ihre Wahl nicht kommentiert, sondern die ausgezeichneten Werke für sich selbst sprechen lässt."

Als Literaturkritiker Marcel Reich-Ranicki jedoch im Oktober 2008 nicht nur die Qualität des deutschen Fernsehprogramms sondern auch die Qualität des Deutschen Fernsehpreises kritisierte, konnte sich die Jury einer Rechtfertigung nicht entziehen. "Aus gegebenen Anlass" erklärten die Mitglieder von 2008, zu denen unter anderem

Moderatorin und Schauspielerin Barbara Schöneberger, Produzent Christian Becker und Chefredakteur der TV Spielfilm Lutz Carstens gehörten, dass die Jury in jedem Fernsehjahr antritt, um "[…] in der umfänglichen Programmauswahl künstlerische und produzentische Leistungen zu finden und auszeichnen, die in ihrem jeweiligen Fach herausragend, also von besonderer Qualität sind." Qualität meint nach Einschätzung der Jury "in einem Fernsehfilm etwas anderes als in einer Fernsehshow, […] in einer Auslandsreportage etwas anderes als in einer Comedy." Das Gute - erklären die Juroren auf der Homepage des Fernsehpreises - zeige sich "nicht allein im Ernsten und Erhabenen, sondern zuweilen auch in intelligent unterhaltendem Blödsinn'."

Der Deutsche Fernsehpreis bezieht also auch die populären Produktionen mit ein und gerät dadurch immer wieder unter Rechtfertigungsdruck. Dass 2000 *Big Brother* für den Preis nominiert wurde, bezeichnete Ulrich Spies, Referent des Adolf-Grimme-Preises, im Interview mit *Der Spiegel* als „reine Provokation, um Resonanz bei der Presse hervorzurufen." Hans Janke sieht darin eher den Versuch „[…] das Gewöhnlichkeitsmedium Fernsehen immer noch einmal auf die Höhe seiner enormen Möglichkeiten zu treiben […]" (2004, 88).

## 3.3. Qualität bringt Quote

Der Deutsche Fernsehpreis will mit seinen Nominierungen zeigen, dass auch Quotenfernsehen qualitativ hochwertig sein kann. Inwiefern das in der Realität umsetzbar ist, soll in diesem Abschnitt geklärt werden.

„Mit dem Überangebot, das der deregulierte Medienmarkt beschert, ist erwartungsgemäß nicht der Preis des Programms gefallen, wohl aber dessen Wert(schätzung)" (Janke 1995, 69). Dieser oft erwähnte Niveauverfall ist aber nicht allein dem dualen System zuzuschreiben. Sofern es ihn vorangetrieben hat, ist diese Entwicklung nicht mit den Schlagworten „Qualität" versus „Quote" zu erklären. Die umfassende Information hat sich von der Dominanz des Wortes gelöst, sie ist multimedial geworden. Auch eine Boulevardisierung fast aller Medien ist nicht zu bestreiten (vgl. Sichtermann 2000).

Während bei den privaten Sendern immer wieder der kommerzielle Hintergrund betont wird, sind die Öffentlich-Rechtlichen dazu angehalten, Programmauftrag und Gebührenfinanzierung zu legitimieren. Doch auch ARD und ZDF müssen sich am Markt behaupten. Deshalb wäre es nicht sinnvoll, Qualitätsfernsehen ohne ökonomische Prämisse zu integrieren (vgl. ebd.). Dass das Publikum auch „Trash" liebt, muss eingestanden werden. Es sucht Entspannung und Ablenkung, Spannung und Aufregung, Zeitvertreib, Information und die Möglichkeit zur Weiterbildung. Egal um welches Format es sich handelt - es muss qualitativ überzeugend sein, um sich durchsetzen zu können. „Es gibt zwar immer wieder Formate, die auf einen kurzfristigen Hype setzen, auf einen Star und dabei gewisse Qualitätsmerkmale außer Acht lassen, aber selten halten sie lange durch" (Eick 2007, 56f).

Man sollte also die Beziehung zwischen Massenattraktivität und Qualität herausarbeiten, um im Rahmen einer Qualitätsdebatte nicht dem veralteten Dogma „populär gleich schlecht" zu verfallen (vgl. Paukens 1999, 81). Denn Zuschauer wollen unterhalten werden, und auch Information kann unterhaltsam sein bzw. Unterhaltung kann qualitativ hochwertig sein. Darüber schrieb auch schon Friedrich Schiller in „Die Braut von Messina"(Siehe Anhang).

Linda Herrmanns schlägt deshalb das Stakeholder-Management als Ansatz für die unternehmerische Praxis der Medienbetriebe und -anstalten vor. Sie beschreibt es als ein „[…] erfolgsrational sinnvolles und zudem ethisch vernünftiges Konzept zur Herstellung qualitativ anspruchsvoller Medienprodukte […]" und vergleicht dabei Programmmacher mit Konsumgüterherstellern, die „[…] ihren Stakeholdern eher gerecht werden, wenn sie umweltverträgliche Produkte herstellen" – im Falle der Medienbetriebe wären das dann sozial verträgliche Produkte. Ein negatives Image soll also vermieden werden. Ob dieses Modell medienpraktisch umsetzbar ist, hängt davon ab, inwiefern alle Beteiligten ihrer medienethischen Verantwortung nachkommen (vgl. 2007, 92f).

Der Hauptpfeiler eines guten Images bei Fernsehanstalten ist deren Glaubwürdigkeit. Dabei spielen sowohl die Informationsqualität (z.B. Wahrheitstreue, Ausführlichkeit, Vollständigkeit) als auch ethische und moralische Aspekte der Informationsvermittlung (z.B. Verletzung des guten Geschmacks, Vermischung von Nachricht und Meinung, Ausmaß des Einflusses von Industrie und Wirtschaft) eine große Rolle (vgl. Gleich/Groebel 1994, 256). Qualität sowohl bei der Informationsvermittlung als im Unterhaltungssektor bringt also eine Image-Aufwertung mit sich. Anspruchsvolle Sendungen und Filme dürfen nicht länger als „Entschuldigungsfernsehen" angesehen werden, das nur produziert wird, um dem Programmauftrag gerecht zu werden (vgl. Amend 2004/44). Für den Autor Andreas Schreitmüller ist das oberste Kriterium für Qualitätsfernsehen: „Die Zuschauer für intelligente Wesen zu halten" (1999, 57). Auch Satiriker, Kolumnist, Buchautor und Schauspieler Oliver Kalkofe wünscht sich im *Die Welt*-Interview mit Benjamin Stuckrad-Barre „ein Programm, das die Zuschauer nicht dermaßen verachtet" (2008).

# 4. Klare Profile und Respekt vor den Zuschauern

Wenn es also darum geht Qualitätsfernsehen zu produzieren, sollte man die privaten und öffentlich-rechtlichen Sendeanstalten nicht so holzschnittartig kategorisieren, wie es Thomas Gottschalk im Gespräch mit Marcel Reich-Ranicki anlässlich des Eklats beim Deutschen Fernsehpreis 2008 tat. Seiner Meinung nach braucht man von den Privaten kein anspruchsvolles Fernsehen erwarten. Das wäre laut Gottschalk „[...] wie wenn man einen Metzger von der vernünftigen vegetarischen Ernährung überzeugen wollte [...]". Die Abwesenheit der Intendanten bei dieser Diskussion über die Qualität des deutschen Fernsehprogramms wirft natürlich die Frage auf, ob die Sender an Verbesserungsvorschlägen interessiert bzw. kritikfähig sind.

Es sollte aber auch erwähnt werden, dass es bereits Qualitätsfernsehen im Dualen System gibt. Ein Beispiel für einen Fernsehmacher, „[...] der vielleicht für so etwas stehen könnte wie ein modernes Fernsehen, das zugleich unterhaltend und intelligent ist [...]", ist Olli Dietrich als Kunstfigur Dittsche. Obwohl er nur spätabends läuft, erreicht er zahlreiche Zuschauer. 2004 ist Dittrich dafür sogar mit dem Deutschen Fernsehpreis ausgezeichnet worden (vgl. Amend 2004). Auch Comedy-Sendungen wie „Switch reloaded" oder „Kalkofes Mattscheibe" nutzen Satire und Parodie als Selbstreflexion. „Der kritische Diskurs über das eigene Medium wird dabei als Unterhaltungselement genutzt" (Bleicher 2003, 3).

Sinnvoll wäre es, diese Form der Qualität hervorzuheben, sie mit Quote und Beachtung zu belohnen und damit ein positives Image aufzubauen. Bei diesem Prozess kommen wiederum die unter 2.2. genannten Qualitätskriterien Vielfalt, Relevanz, Professionalität, Akzeptanz und Rechtmäßigkeit ins Spiel. Sie dienen als Grundkomponenten für das Konzept zur Schaffung von Programmqualität.

Auch das Image eines jeden Programms sollte sowohl aus ökonomischem Interesse als auch aus medienethischer Sicht gepflegt werden. Dazu zählt auch ein klares Profile zur Sicherung der Vielfalt innerhalb des deutschen Fernsehprogramms. Der Qualitätsprospekt sollte sich also auch im Sinne der „corporate identity" entfalten. Für die Macher gilt es also Programme in allen Sparten und Ressorts darauf hin zu untersuchen, was sie leisten und leisten können, welchen Beitrag sie zur nachhaltigen Information der Nachrichtensendungen, Magazine, Reportagen und Ratgeber liefern und mit welcher Performance (Seriosität, Verständlichkeit, Glaubwürdigkeit) sie dem Publikum präsentiert werden (vgl. Janke 1995, 71). Das gilt besonders für die Handschrift der Öffentlich-Rechtlichen, denen immer öfter nachgesagt wird, sie würden die Privaten zu kopieren versuchen. Thematische und methodische Originalität sind allerdings für alle Sender wichtig.

„Fernsehen ist bekanntlich ein Kommunikationsmittel, nicht erst auf, auch hinter dem Schirm" (vgl. ebd., 71). Deshalb muss auch Kritik kommuniziert werden. Akzeptanzprobleme sollten bei Machern und Verantwortlichen das Interesse am Publikum steigern (vgl. Oehmichen 1993, 16). Fernsehkritik richtet sich jedoch nicht nur an Produzenten, „[...] als Hinweis für die Gestaltung künftiger Produktionen [...]", sondern auch an die Rezipienten, „[...] als Empfehlung oder Ablehnung des Konsums sowie als Bewertung des Gesehenen" (Bleicher 2003, 3). Der Fernsehzuschauer selbst übernimmt also auch einen Teil der Verantwortung, denn er bestimmt innerhalb der Ökonomie des Fernsehprogramms mit seiner Nachfrage das Angebot. Wird mehr Qualität nachgefragt, wird auch mehr Qualität angeboten.

# Literaturverzeichnis

➢ Bleicher, Joan Kristin (2003): „Fernsehkritik und Parodie. Übe die Formen, Funktionen und Ziele im Wandel der Fernsehkritik". In: *Tiefenschärfe. Die Zeitschrift des Zentrums für Medien und Medienkultur* (ZMM). Hamburg: ZMM, S. 3-6.

➢ Breunig, Christian (1999): „Programmqualität im Fernsehen. Entwicklung und Umsetzung von TV-Qualitätskriterien". In: *Media-Perspektiven.* Heft 3/1993. Frankfurt, M.: Media-Perspektiven, S.94-110.

➢ Eck, Sigrid (2007): „Gepflegte TV-Marken". In: *Werben & Verkaufen.* Nr. 36/2007, S. 50.

➢ Eick, Dennis (2007): *Programmplanung. Die Strategien deutscher TV-Sender.* Konstanz: UVK.

➢ Gleich, Uli/Groebel, Jo (1994): „Beurteilung der Programmqualität im Fernsehen". In: *Media-Perspektiven.* Heft 5/1994. Frankfurt, M.: Media-Perspektiven, S.253-258.

➢ Göschel, Albrecht (1999): „Kultureller Wandel in der ‚Massenkultur'. Einige Anmerkungen zu medialen Kompetenzen und Qualitätsurteilen". In: Peter Ludes/Helmut Schanze (Hg.): *Medienwissenschaften und Medienwertung.* Opladen/Wiesb.: Westdeutscher, S. 35-52.

➢ Herrmanns, Linda (2007): *Fernsehen ohne Grenzen. Der deutsche TV-Markt zwischen Qualität und Quote.* Marburg: Tectum.

➢ Janke, Hans (1995): „Was heißt Qualität im Fernsehen". In: *ZDF Jahrbuch 94.* Mainz: ZDF, S. 69-71.

➢ Janke, Hans (2005): „Glanz und Geltung: Der Deutsche Fernsehpreis". In: *ZDF Jahrbuch 2004.* Mainz: ZDF, S. 87f.

➢ Knott-Wolf, Brigitte (1999): „Programmqualität in der Fernsehkritik am Beispiel fiktionaler Programme". In: Peter Ludes/Helmut Schanze (Hg.): *Medienwissenschaften und Medienwertung.* Opladen/Wiesbaden: Westdeutscher, S. 89-98.

➢ Oehmichen, Ekkehardt (1993): „Qualität im Fernsehen aus Zuschauerperspektive". In: *Media-Perspektiven.* Heft 1/1993. Frankfurt, M.: Media-Perspektiven, S.16-20.

➢ Paukens, Hans (1999): „Der Adolf Grimme Preis – Ein Instrument zur Beurteilung von Qualitätsfernsehen". In: Peter Ludes/Helmut Schanze (Hg.): *Medienwissenschaften und Medienwertung.* Opladen/Wiesbaden: Westdeutscher, S. 77-88.

➢ Schatz, Heribert/Schulz, Winfried (1992): „Qualität von Fernsehprogrammen. Kriterien und Methoden zur Beurteilung von Programmqualität im dualen Fernsehsystem". In: *Media-Perspektiven*. Frankfurt, M.: Media-Perspektiven, S. 690-712.

➢ Schreitmüller, Andreas (1999): „Vom Anspruch auf anspruchsvolles Fernsehen. Das Rashomon-Kriterium". In: Peter Ludes/Helmut Schanze (Hrsg.): *Medienwissenschaften und Medienwertung*. Opladen/Wiesbaden: Westdeutscher, S. 55-63.

➢ Schulz, Winfried (2001): „Mehr Wettbewerb, weniger Programmqualität. Was das private Fernsehen gebracht hat". In: Christian Drägert, Nikolaus Schneider, Nikolaus (Hg.): *Medienethik. Freiheit und Verantwortung. Festschrift zum 65. Geburtstag von Manfred Kock*. Stuttgart: Kreuz, S. 213-231.

➢ Weiß, Hans-Jürgen (2008): „Private Fernsehvollprogramme 1998-2007. Eine 10-Jahres-Bilanz der kontinuierlichen Fernsehprogrammforschung der Landesmedienanstalten". In: Arbeitsgemeinschaft der Landesmedienanstalten in der Bundesrepublik Deutschland (ALM) (Hg.): *Fernsehen in Deutschland 2007. Programmforschung und Programmdiskurs*. Berlin: Vistas, S. 37-65.

## Online-Literatur

➢ Amend, Christoph (2004): „Fernsehweh". In: *Die Zeit*. Nr. 44/2004, S.61. URL: http://www.zeit.de/2004/44/Titel_2fFernsehen_44, Zugriff: 5. Jan. 2009.

➢ Andermatt, Nicole (2008): „Ein Pulitzer für die Schweiz. Vom Gewinn der Medienpreise". In: *medienheft.ch*, 13. Mai. URL: http://www.medienheft.ch/kritik/bibliothek/k23_AndermattNicole.html, Zugriff: 5. Jan. 2009.

➢ Busse, Caspar/Hoff, Hans (2008): „Überzogen und arrogant". In: *Sueddeutsche.de*, 13.Okt. URL: http://www.sueddeutsche.de/kultur/995/313898/text/?page=2, Zugriff: 5. Jan. 2009.

➢ Haas, Daniel (2008): „Fernsehpreis-Schelte. Jury wiegelt ab, Reich-Ranicki legt nach". In: Spiegel Online, 16. Okt. URL: http://www.spiegel.de/kultur/gesellschaft/0,1518,584630,00.html, Zugriff: 14. Jan. 2009. Kubitz, Peter Paul (1997): o.T. In: *Die Zeit*. Nr. 12/1997. URL: http://www.zeit.de/1997/12/15645, Zugriff: 5. Jan. 2009.

➢ E.V. (1957): „Mehr Mut für Qualität". In: *Die Zeit*. Nr. 23/1957, S. 20. URL: http://www.zeit.de/1957/23/Mehr-Mut-fuer-Qualitaet, Zugriff: 5. Jan. 2009.

➢ Spies, Ulrich (2000): „Das Herausragende wird seltener". In: *Der Spiegel*, 27.11. Nr. 48/2000, S. 128. URL:

http://wissen.spiegel.de/wissen/dokument/dokument.html?id=17925525&top=SPIEGEL , Zugriff: 5. Jan.2009.

➢ acl/ddp (2007): „Auf Qualität programmiert". In: *Spiegel Online*, 9. Okt. URL: http://www.spiegel.de/kultur/gesellschaft/0,1518,510389,00.html, Zugriff: 17. Jan.2009.

➢ Sichtermann, Barbara (2000): „Quote mit Qualität – oder Tod. Eine kleine Verteidigung von ARD und ZDF". In: *Die Zeit*. Nr. 39/2000, S. 47. URL: http://www.zeit.de/2000/39/Quote_mit_Qualitaet_-_oder_Tod, Zugriff: 5. Jan. 2009.

➢ Stuckrad-Barre, Benjamin (2008): „Warum Kulturfernsehen das Allerschlimmste ist". In: *welt.de,* 19. Okt. URL: http://www.welt.de/fernsehen/article2596942/Warum-Kulturfernsehen-das-Allerschlimmste-ist.html, Zugriff: 8.Nov. 2008.


**Videostream**: ZDF mediathek (2008): „Ausgegebenem Anlass". In: *zdf.de*, 17. Okt. URL: http://wstreaming.zdf.de/zdf/300/081017_ausgegebenemanlass_aga.asx, Zugriff: 2. Jan. 2009.


**Homepage**: *Der Deutsche Fernsehpreis* (Zugriff: 2. Jan. 2009):

• „„Aus gegebenem Anlass' - Statement der Jury zur aktuellen TV-Qualitätsdebatte", 16.10.2008. URL: http://www.deutscherfernsehpreis.de/content/view/535/140/.

• „Statut Der Deutsche Fernsehpreis", Stand: Jan. 2006. URL: http://www.deutscherfernsehpreis.de/content/blogcategory/21/215/.

• „Preisträger 2008", URL: http://www.deutscherfernsehpreis.de/content/blogcategory/16/123/.

• „Die Preisträger von 1999-2007". URL: http://www.deutscherfernsehpreis.de/content/2008/Uebersicht_Preistraeger.pdf.

# 1. Anhang

## Auszug aus Friedrich Schillers

## *"Die Braut von Messina"*

*Vorwort: Ueber den Gebrauch des Chors in der Tragödie.*

(...) Es ist nicht wahr, was man gewöhnlich behaupten hört, daß das Publikum die Kunst herabzieht; der Künstler zieht das Publikum herab, und zu allen Zeiten, wo die Kunst verfiel, ist sie durch die Künstler gefallen. Das Publikum braucht nichts als Empfänglichkeit, und diese besitzt es. Es tritt vor den Vorhang mit einem unbestimmten Verlangen, mit einem vielseitigen Vermögen. Zu dem Höchsten bringt es eine Fähigkeit mit; es erfreut sich an dem Verständigen und Rechten, und wenn es damit angefangen hat, sich mit dem Schlechten zu begnügen, so wird es zuverlässig damit aufhören, das Vortreffliche zu fordern, wenn man es ihm erst gegeben hat.

Der Dichter, hört man einwenden, hat gut nach einem Ideal arbeiten, der Kunstrichter hat gut nach Ideen urtheilen; die bedingte, beschränkte, ausübende Kunst ruht auf dem Bedürfniß. Der Unternehmer will bestehen, der Schauspieler will sich zeigen, der Zuschauer will unterhalten und in Bewegung gesetzt sein. Das Vergnügen sucht er und ist unzufrieden, wenn man ihm da eine Anstrengung zumuthet, wo er ein Spiel und eine Erholung erwartet.

Aber, indem man das Theater ernsthafter behandelt, will man das Vergnügen des Zuschauers nicht aufheben, sondern veredeln. Alle Kunst ist der Freude gewidmet, und es gibt keine höhere und keine ernsthaftere Aufgabe, als die Menschen zu beglücken. Die rechte Kunst ist nur diese, welche den höchsten Genuß verschafft. Der höchste Genuß aber ist die Freiheit des Gemüthes in dem lebendigen Spiel aller seiner Kräfte. (...)

(http://gutenberg.spiegel.de/?id=5&xid=2423&kapitel=2&cHash=ec373075a6mess001# gb_found, Zugriff: 2. Jan. 2009)